Giacomo

PUCCINI

OPERA ARIAS

for

SOPRANO

and

ORCHESTRA

VOLUME III

MUSIC MINUS ONE

SUGGESTIONS FOR USING THIS MMO EDITION

WE HAVE TRIED to create a product that will provide you an easy way to learn and perform these arias with a full orchestra in the comfort of your own home. Because it involves a fixed orchestral performance, there is an inherent lack of flexibility in tempo and cadenza length. The following MMO features and techniques will reduce these inflexibilities and help you maximize the effectiveness of the MMO practice and performance system:

The compact disc included with this edition features CD+G graphics encoding so that, with a CD+G-capable player, you can view the lyrics in real-time on a television monitor. This can be used as a visual cueing system, especially valuable after the solo part has been learned, during performance.

Where the vocalist begins solo, we have provided an introductory measure with guide-tone and subtle taps inserted at the actual tempo before the soloist's entrance.

We have observed generally accepted tempi, and always in the originally intended key, but some may wish to perform at a different tempo, or to slow down or speed up the accompaniment for practice purposes; or to alter the piece to a more comfortable key. You can purchase from MMO specialized CD players & recorders that allow variable speed while maintaining proper pitch, and vice versa. This is an indispensable tool for the serious musician and you may wish to look into purchasing this useful piece of equipment for full enjoyment of all your MMO editions.

We want to provide you with the most useful practice and performance accompaniments possible. If you have any suggestions for improving the MMO system, please feel free to contact us. You can reach us by e-mail at *info@musicminusone.com*.

4094

CONTENTS

Manon Lescaut, Act II

"L'ora, o Tirsi..."

Giacomo Puccini
(1858-1924)

fi - da pa - sto - rel - la. Te.... so - spi - ra, per te spi -

ra. Ma.... tu.. giun - gi e in un.... ba - le - no vi - va e

p dolcissimo

lie - ta, è des - sa_al - lor!.... Ah!_____ Ve - di_il ciel co - m'è se -

re - no sul.... mi - ra - co - lo___ d'a - mor!

poco rall.

Manon Lescaut, Act II

"In quelle trine morbide..."

Giacomo Puccini
(1858-1924)

Lo stesso tempo movimento

O, mia di - mo - ra_u - mi - - - le,

Lo stesso tempo movimento

pp dolcissimo

tu mi ri - tor - ni_in - nan - - - zi___ ga - ia, i - so - la - ta,

poco allarg.   ten.

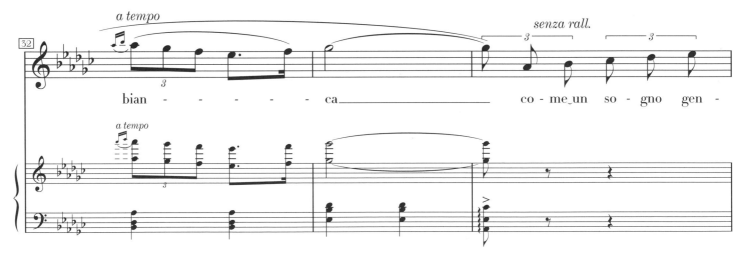

a tempo   senza rall.

bian - - - ca_____ co - me_un so - gno gen -

ti - le_e di pa - - - - ce_e d'a - mor!_____

pp dolce   lunga

Manon Lescaut, Act IV

"Sola perduta, abbandonata..."

Giacomo Puccini
(1858-1924)

ter - ra di pa - ce, mi - sem - bra - va que - sta!

Ahi! mia bel - tà fu - ne - - - - sta,

i - re no - vel - - - le_ac - cen - - - - de... Strap-

par da lui mi si vo - le - a; or tut - to_il mio pas-

sa - to or - ri - bi - le ri - sor - ge, e vi - vo in

nan - zi_al guar - do mio si po - sa. Ah! di

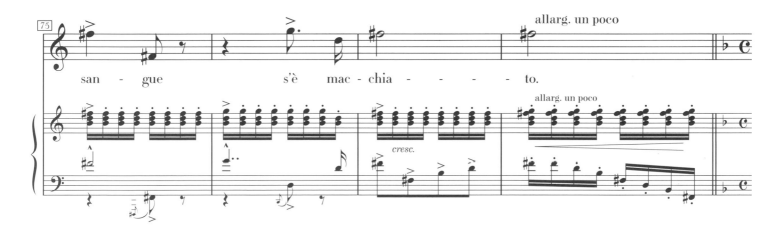

san - gue s'è mac - chia - - to.

Largo molto sostenuto

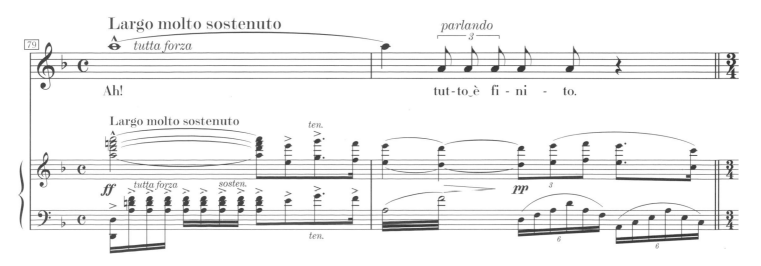

Ah! tut-to_è fi - ni - to.

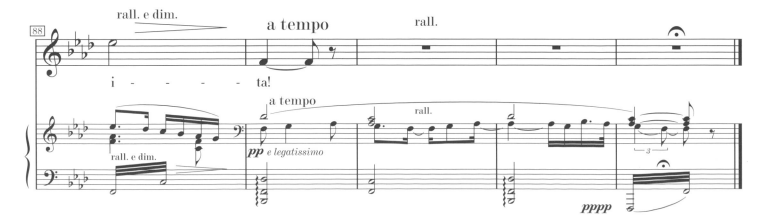

Tosca, Act II

"Vissi d'arte, vissi d'amore…"

Giacomo Puccini
(1858-1924)

Die - di gio - iel - li del - la Ma - don - na_al man - to, e die - di_il

can - to a - gli_a-stri, al ciel, che ne ri-de_an più bel - li... Nel - l'o-ra del do-lor per -

chè, per - chè___ Si - gnor, ah,_____

per - chè me ne ri-mu - ne - ri co - sì?

Madama Butterfly, Act I
"Spira sul mare..."

Giacomo Puccini
(1858-1924)

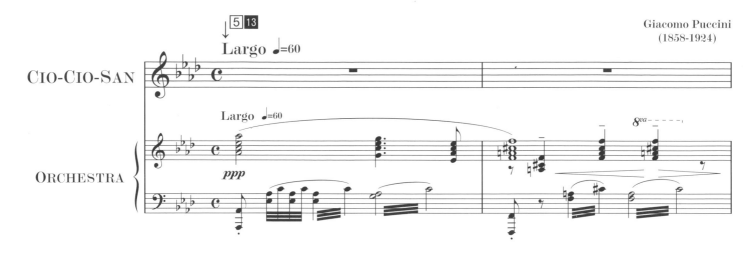

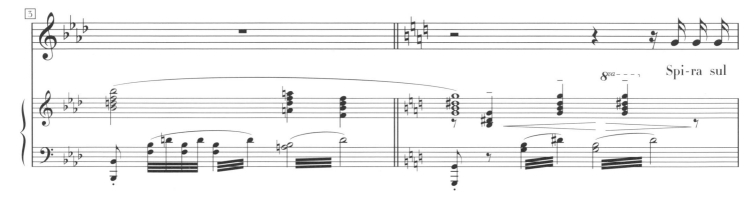

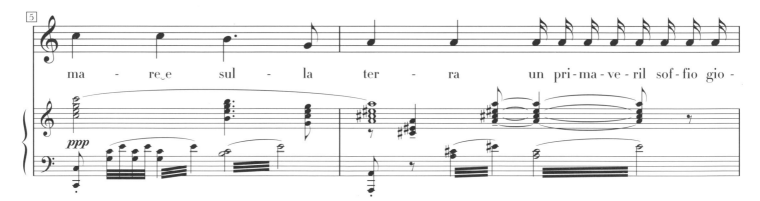

Madama Butterfly, Act II

"Che tua madre..."

Giacomo Puccini
(1858-1924)

Sai cos'eb - be cuo - re di pen - sa - re quel si -

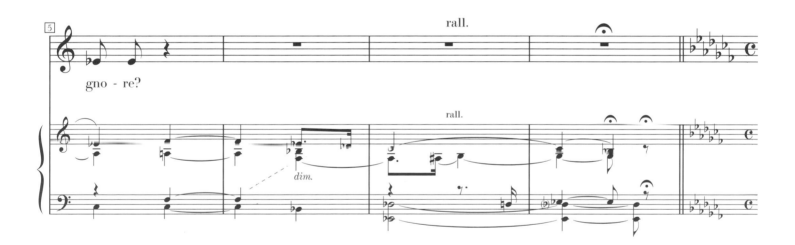

gno - re?

Che tua ma - dre do - vrà pren - der - ti_in brac - cio

fe - ce già   la   Ghe - sha   can - te -

rà!   E la can - zon giu - li - va e

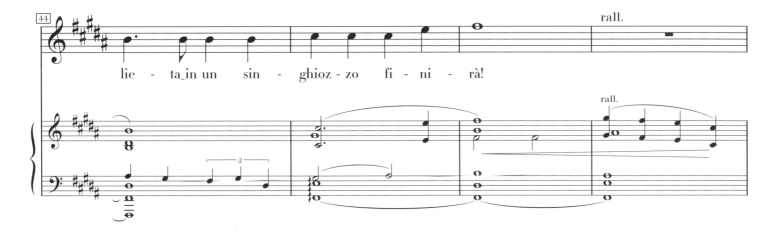

lie - ta_in un sin - ghioz - zo fi - ni - rà!

Più mosso

Ah!   no,   no! que-sto mai!   que-sto me -

stier che al di - so - no - re por - - - ta! Mor - - ta!

mor - ta! Mai più dan - zar! Piut -

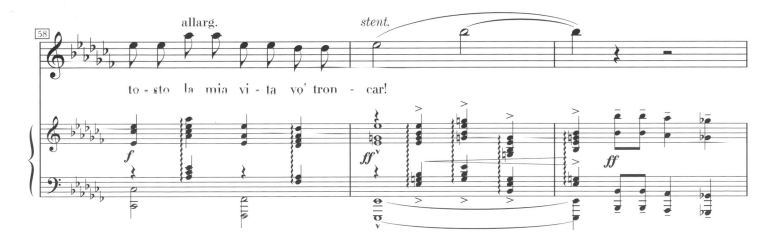

to - sto la mia vi - ta vo' tron - car!

Ah! mor - ta!

Madama Butterfly, Act III

"Tu? piccolo Iddio!"

Giacomo Puccini
(1858-1924)

per_____ te,_____ pei tuoi pu - ri oc - chi,

con voce di pianto

muor But - ter - fly_____ per-chè tu pos - sa_an dar

di là dal ma - re sen - za che ti ri - mor - da_____

allarg. - - - - - - - - - - - - - - -

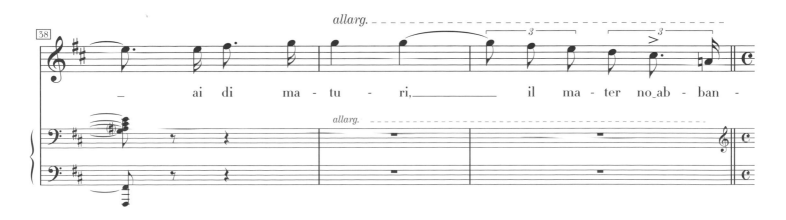

_ ai di ma - tu - ri,_____ il ma - ter no_ab - ban -

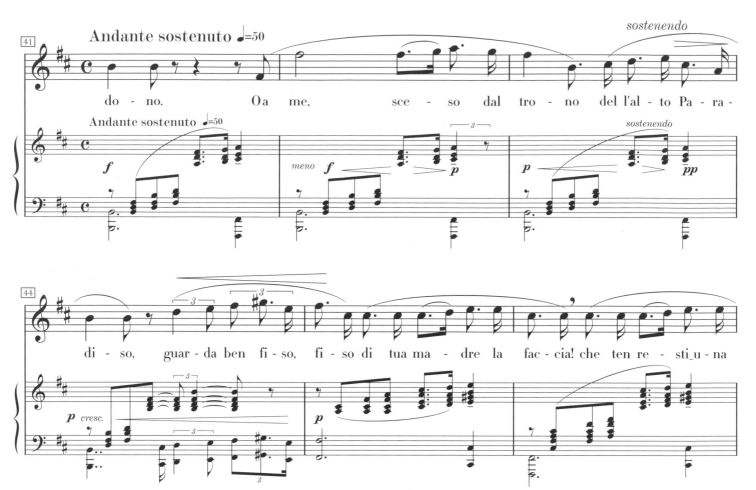

do - no. O a me, sce - so dal tro - no del l'al - to Pa - ra -

di - so, guar - da ben fi - so, fi - so di tua ma - dre la fac - cia! che ten re - sti_u - na

trac - cia,____ guar - da ben!____ A - mo - re, ad - di - o! ad - di - o! pic - co - lo a -

mor!____ Va. Gio - ca, gio - ca.

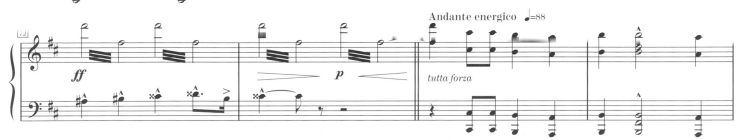

Turandot, Act III

"Tanto amore segreto…"

Giacomo Puccini
(1858-1924)

Lyrics:
Tan-to a-mo - re se-gre - to, e in-con-fes-
sa-to, gran-de co-si che que-sti stra-zi son dol - cez - ze per me, per-chè ne fac-cio
do - no al mio Si - gno - re… Per-chè, ta - cen-do, io gli

MUSIC MINUS ONE
50 Executive Boulevard
Elmsford, New York 10523-1325
1.800.669.7464 (U.S.)/914.592.1188 (International)

www.musicminusone.com
e-mail: mmogroup@musicminusone.com